어린이
야구 캠프

한국 프로야구
역대 기록
&
10개 구단 탐구

★ 별책 부록 ★

샘수리

두산 베어스

창단 1982년
연고지 서울특별시
홈구장 서울종합운동장 야구장
홈페이지 www.doosanbears.com

한화 이글스

창단 1986년
연고지 대전광역시
홈구장 베이스볼 드림파크
홈페이지 www.hanwhaeagles.co.kr

LG 트윈스

창단 1990년
연고지 서울특별시
홈구장 서울종합운동장 야구장
홈페이지 www.lgtwins.com

삼성 라이온즈

창단 1982년
연고지 대구광역시
홈구장 대구 삼성 라이온즈 파크
홈페이지 www.samsunglions.com

키움 히어로즈

창단 2008년
연고지 서울특별시
홈구장 고척스카이돔
홈페이지 www.heroesbaseball.co.kr

KIA 타이거즈

창단 2001년
연고지 광주광역시
홈구장 광주-기아 챔피언스 필드
홈페이지 www.tigers.co.kr

SSG 랜더스

창단 2021년
연고지 인천광역시
홈구장 인천 SSG 랜더스필드
홈페이지 www.ssglanders.com

NC 다이노스

창단 2011년
연고지 경상남도 창원시
홈구장 창원 NC 파크
홈페이지 www.ncdinos.com

kt wiz

창단 2013년
연고지 경기도 수원시
홈구장 수원 케이티 위즈 파크
홈페이지 www.ktwiz.co.kr

롯데 자이언츠

창단 1982년
연고지 부산광역시
홈구장 사직야구장
홈페이지 www.giantsclub.com

역대
KBO 기록

KBO 역대 한국시리즈 우승 구단과 준우승 구단

연도	우승 구단	감독	준우승 구단	감독
1982년	OB 베어스	김영덕	삼성 라이온즈	서영무
1983년	해태 타이거즈	김응용	MBC 청룡	김동엽
1984년	롯데 자이언츠	강병철	삼성 라이온즈	김영덕
1985년	삼성 라이온즈	김영덕	전·후기 통합 우승	
1986년	해태 타이거즈	김응용	삼성 라이온즈	김영덕
1987년	해태 타이거즈	김응용	삼성 라이온즈	박영길
1988년	해태 타이거즈	김응용	빙그레 이글스	김영덕
1989년	해태 타이거즈	김응용	빙그레 이글스	김영덕
1990년	LG 트윈스	백인천	삼성 라이온즈	정동진
1991년	해태 타이거즈	김응용	빙그레 이글스	김영덕
1992년	롯데 자이언츠	강병철	빙그레 이글스	김영덕
1993년	해태 타이거즈	김응용	삼성 라이온즈	우용득
1994년	LG 트윈스	이광환	태평양 돌핀스	정동진
1995년	OB 베어스	김인식	롯데 자이언츠	김용희
1996년	해태 타이거즈	김응용	현대 유니콘스	김재박
1997년	해태 타이거즈	김응용	LG 트윈스	천보성
1998년	현대 유니콘스	김재박	LG 트윈스	천보성

1999년	한화 이글스	이희수	롯데 자이언츠	김명성
2000년	현대 유니콘스	김재박	두산 베어스	김인식
2001년	두산 베어스	김인식	삼성 라이온즈	김응용
2002년	삼성 라이온즈	김응용	LG 트윈스	김성근
2003년	현대 유니콘스	김재박	SK 와이번스	조범현
2004년	현대 유니콘스	김재박	삼성 라이온즈	김응용
2005년	삼성 라이온즈	선동열	두산 베어스	김경문
2006년	삼성 라이온즈	선동열	한화 이글스	김인식
2007년	SK 와이번스	김성근	두산 베어스	김경문
2008년	SK 와이번스	김성근	두산 베어스	김경문
2009년	KIA 타이거즈	조범현	SK 와이번스	김성근
2010년	SK 와이번스	김성근	삼성 라이온즈	선동열
2011년	삼성 라이온즈	류중일	SK 와이번스	이만수
2012년	삼성 라이온즈	류중일	SK 와이번스	이만수
2013년	삼성 라이온즈	류중일	두산 베어스	김진욱
2014년	삼성 라이온즈	류중일	넥센 히어로즈	염경엽
2015년	두산 베어스	김태형	삼성 라이온즈	류중일
2016년	두산 베어스	김태형	NC 다이노스	김경문
2017년	KIA 타이거즈	김기태	두산 베어스	김태형
2018년	SK 와이번스	힐만	두산 베어스	김태형
2019년	두산 베어스	김태형	키움 히어로즈	장정석
2020년	NC 다이노스	이동욱	두산 베어스	김태형
2021년	KT 위즈	이강철	두산 베어스	김태형
2022년	SSG 랜더스	김원형	키움 히어로즈	홍원기
2023년	LG 트윈스	염경엽	KT 위즈	이강철
2024년	KIA 타이거즈	이범호	삼성 라이온즈	박진만

KBO 역대 MVP & 신인왕 수상자

연도	MVP	팀명	신인왕	팀명
1982년	박철순	OB 베어스	-	-
1983년	이만수	삼성 라이온즈	박종훈	OB 베어스
1984년	최동원	롯데 자이언츠	윤석환	OB 베어스
1985년	김성한	해태 타이거즈	이순철	해태 타이거즈
1986년	선동열	해태 타이거즈	김건우	MBC 청룡
1987년	장효조	삼성 라이온즈	이정훈	빙그레 이글스
1988년	김성한	해태 타이거즈	이용철	MBC 청룡
1989년	선동열	해태 타이거즈	박정현	태평양 돌핀스
1990년	선동열	해태 타이거즈	김동수	LG 트윈스
1991년	장종훈	빙그레 이글스	조규제	쌍방울 레이더스
1992년	장종훈	빙그레 이글스	염종석	롯데 자이언츠
1993년	김성해	삼성 라이온즈	양준혁	삼성 라이온즈
1994년	이종범	해태 타이거즈	류지현	LG 트윈스
1995년	김상호	OB 베어스	이동수	삼성 라이온즈
1996년	구대성	빙그레 이글스	박재홍	현대 유니콘스
1997년	이승엽	삼성 라이온즈	이병규	LG 트윈스
1998년	우즈	OB 베어스	김수경	현대 유니콘스
1999년	이승엽	삼성 라이온즈	홍성흔	두산 베어스
2000년	박경완	현대 유니콘스	이승호	SK 와이번스
2001년	이승엽	삼성 라이온즈	김태균	한화 이글스
2002년	이승엽	삼성 라이온즈	조용준	현대 유니콘스

2003년	이승엽	삼성 라이온즈	이동학	현대 유니콘스
2004년	배영수	삼성 라이온즈	오재영	현대 유니콘스
2005년	손민한	롯데 자이언츠	오승환	삼성 라이온즈
2006년	류현진	한화 이글스	류현진	한화 이글스
2007년	리오스	두산 베어스	임태훈	두산 베어스
2008년	김광현	SK 와이번스	최형우	삼성 라이온즈
2009년	김상현	KIA 타이거즈	이용찬	두산 베어스
2010년	이대호	롯데 자이언츠	양의지	두산 베어스
2011년	윤석민	KIA 타이거즈	배영섭	삼성 라이온즈
2012년	박병호	넥센 히어로즈	서건창	넥센 히어로즈
2013년	박병호	넥센 히어로즈	이재학	NC 다이노스
2014년	서건창	넥센 히어로즈	박민우	NC 다이노스
2015년	테임즈	NC 다이노스	구자욱	삼성 라이온즈
2016년	니퍼트	두산 베어스	신재영	넥센 히어로즈
2017년	양현종	KIA 타이거즈	이정후	넥센 히어로즈
2018년	김재환	두산 베어스	강백호	KT 위즈
2019년	린드블럼	두산 베어스	정우영	LG 트윈스
2020년	로하스	KT 위즈	소형준	KT 위즈
2021년	미란다	두산 베어스	이의리	KIA 타이거즈
2022년	이정후	키움 히어로즈	정철원	두산 베어스
2023년	페디	NC 다이노스	문동주	한화 이글스
2024년	김도영	KIA 타이거즈	김택연	두산 베어스

KBO 역대 골든글러브 수상자
투수 · 포수

연도	투수	구단	포수	구단
1982년	황태환	OB 베어스	김용운	MBC 청룡
1983년	장명부	삼미 슈퍼스타즈	이만수	삼성 라이온즈
1984년	최동원	롯데 자이언츠	이만수	삼성 라이온즈
1985년	김시진	삼성 라이온즈	이만수	삼성 라이온즈
1986년	선동열	해태 타이거즈	이만수	삼성 라이온즈
1987년	김시진	삼성 라이온즈	이만수	삼성 라이온즈
1988년	선동열	해태 타이거즈	장채근	해태 타이거즈
1989년	선동열	해태 타이거즈	유승안	빙그레 이글스
1990년	선동열	해태 타이거즈	김동수	LG 트윈스
1991년	선동열	해태 타이거즈	장채근	해태 타이거즈
1992년	염종석	롯데 자이언츠	장채근	해태 타이거즈
1993년	선동열	해태 타이거즈	김동수	LG 트윈스
1994년	정명원	태평양 돌핀스	김동수	LG 트윈스
1995년	이상훈	LG 트윈스	김동수	LG 트윈스
1996년	구대성	한화 이글스	박경완	쌍방울 레이더스
1997년	이대진	해태 타이거즈	김동수	LG 트윈스
1998년	정민태	현대 유니콘스	박경완	현대 유니콘스
1999년	정민태	현대 유니콘스	김동수	삼성 라이온즈
2000년	임선동	현대 유니콘스	박경완	현대 유니콘스
2001년	신윤호	LG 트윈스	홍성흔	두산 베어스
2002년	송진우	한화 이글스	진갑용	삼성 라이온즈

2003년	정민태	현대 유니콘스	김동수	현대 유니콘스
2004년	배영수	삼성 라이온즈	홍성흔	두산 베어스
2005년	손민한	롯데 자이언츠	진갑용	삼성 라이온즈
2006년	류현진	한화 이글스	진갑용	삼성 라이온즈
2007년	리오스	두산 베어스	박경완	SK 와이번스
2008년	김광현	SK 와이번스	강민호	롯데 자이언츠
2009년	로페즈	KIA 타이거즈	김상훈	KIA 타이거즈
2010년	류현진	한화 이글스	조인성	LG 트윈스
2011년	윤석민	KIA 타이거즈	강민호	롯데 자이언츠
2012년	장원삼	삼성 라이온즈	강민호	롯데 자이언츠
2013년	손승락	넥센 히어로즈	강민호	롯데 자이언츠
2014년	밴헤켄	넥센 히어로즈	양의지	두산 베어스
2015년	해커	NC 다이노스	양의지	두산 베어스
2016년	니퍼트	두산 베어스	양의지	두산 베어스
2017년	양현종	KIA 타이거즈	강민호	삼성 라이온즈
2018년	린드블럼	두산 베어스	양의지	두산 베어스
2019년	린드블럼	두산 베어스	양의지	NC 다이노스
2020년	알칸타라	두산 베어스	양의지	NC 다이노스
2021년	미란다	두산 베어스	강민호	삼성 라이온즈
2022년	안우진	키움 히어로즈	양의지	두산 베어스
2023년	페디	NC 다이노스	양의지	두산 베어스
2024년	하트	NC 다이노스	강민호	삼성 라이온즈

KBO 역대 골든글러브 수상자

1루수 · 2루수

연도	1루수	구단	2루수	구단
1982년	김용달	MBC 청룡	차영화	해태 타이거즈
1983년	신경식	OB 베어스	정구선	삼미 슈퍼스타즈
1984년	김용철	롯데 자이언츠	정구선	삼미 슈퍼스타즈
1985년	김성한	해태 타이거즈	정구선	청보 핀토스
1986년	김성한	해태 타이거즈	김성래	삼성 라이온즈
1987년	김성한	해태 타이거즈	김성래	삼성 라이온즈
1988년	김성한	해태 타이거즈	김성래	삼성 라이온즈
1989년	김성한	해태 타이거즈	강기웅	삼성 라이온즈
1990년	김상훈	LG 트윈스	강기웅	삼성 라이온즈
1991년	김성한	해태 타이거즈	박정태	롯데 자이언츠
1992년	장종훈	빙그레 이글스	박정태	롯데 자이언츠
1993년	김성해	삼성 라이온즈	강기웅	삼성 라이온즈
1994년	서용빈	LG 트윈스	박종호	LG 트윈스
1995년	장종훈	한화 이글스	이명수	OB 베어스
1996년	김경기	현대 유니콘스	박정태	롯데 자이언츠
1997년	이승엽	삼성 라이온즈	최태원	쌍방울 레이더스
1998년	이승엽	삼성 라이온즈	박정태	롯데 자이언츠
1999년	이승엽	삼성 라이온즈	박정태	롯데 자이언츠
2000년	이승엽	삼성 라이온즈	박종호	현대 유니콘스
2001년	이승엽	삼성 라이온즈	안경현	두산 베어스
2002년	이승엽	삼성 라이온즈	김종국	KIA 타이거즈

2003년	이승엽	삼성 라이온즈	안경현	두산 베어스
2004년	양준혁	삼성 라이온즈	박종호	삼성 라이온즈
2005년	김태균	한화 이글스	안경현	두산 베어스
2006년	이대호	롯데 자이언츠	정근우	SK 와이번스
2007년	이대호	롯데 자이언츠	고영민	두산 베어스
2008년	김태균	한화 이글스	조성환	롯데 자이언츠
2009년	최희섭	KIA 타이거즈	정근우	SK 와이번스
2010년	최준석	두산 베어스	조성환	롯데 자이언츠
2011년	이대호	롯데 자이언츠	안치홍	KIA 타이거즈
2012년	박병호	넥센 히어로즈	서건창	넥센 히어로즈
2013년	박병호	넥센 히어로즈	정근우	한화 이글스
2014년	박병호	넥센 히어로즈	서건창	넥센 히어로즈
2015년	테임즈	NC 다이노스	나바로	삼성 라이온즈
2016년	테임즈	NC 다이노스	서건창	넥센 히어로즈
2017년	이대호	롯데 자이언츠	안치홍	KIA 타이거즈
2018년	박병호	넥센 히어로즈	안치홍	KIA 타이거즈
2019년	박병호	키움 히어로즈	박민우	NC 다이노스
2020년	강백호	KT 위즈	박민우	NC 다이노스
2021년	강백호	KT 위즈	정은원	한화 이글스
2022년	박병호	KT 위즈	김혜성	키움 히어로즈
2023년	오스틴	LG 트윈스	김혜성	키움 히어로즈
2024년	오스틴	LG 트윈스	김혜성	키움 히어로즈

KBO 역대 골든글러브 수상자

3루수 · 유격수

연도	3루수	구단	유격수	구단
1982년	김용희	롯데 자이언츠	오대석	삼성 라이온즈
1983년	김용희	롯데 자이언츠	김재박	MBC 청룡
1984년	이광은	MBC 청룡	김재박	MBC 청룡
1985년	이순철	해태 타이거즈	김재박	MBC 청룡
1986년	한대화	해태 타이거즈	김재박	MBC 청룡
1987년	한대화	해태 타이거즈	류중일	삼성 라이온즈
1988년	한대화	해태 타이거즈	장종훈	한화 이글스
1989년	한대화	해태 타이거즈	김재박	MBC 청룡
1990년	한대화	해태 타이거즈	장종훈	한화 이글스
1991년	한대화	해태 타이거즈	류중일	삼성 라이온즈
1992년	송구홍	LG 트윈스	박계원	롯데 자이언츠
1993년	한대화	LG 트윈스	이종범	해태 타이거즈
1994년	한대화	LG 트윈스	이종범	해태 타이거즈
1995년	홍현우	해태 타이거즈	김민호	OB 베어스
1996년	홍현우	해태 타이거즈	이종범	해태 타이거즈
1997년	홍현우	해태 타이거즈	이종범	해태 타이거즈
1998년	김한수	삼성 라이온즈	유지현	LG 트윈스
1999년	김한수	삼성 라이온즈	유지현	LG 트윈스
2000년	김동주	두산 베어스	박진만	현대 유니콘스
2001년	김한수	삼성 라이온즈	박진만	현대 유니콘스
2002년	김한수	삼성 라이온즈	브리또	삼성 라이온즈

2003년	김한수	삼성 라이온즈	홍세완	KIA 타이거즈
2004년	김한수	삼성 라이온즈	박진만	삼성 라이온즈
2005년	이범호	한화 이글스	손시헌	두산 베어스
2006년	이범호	한화 이글스	박진만	삼성 라이온즈
2007년	김동주	두산 베어스	박진만	삼성 라이온즈
2008년	김동주	두산 베어스	박기혁	롯데 자이언츠
2009년	김상현	KIA 타이거즈	손시헌	두산 베어스
2010년	이대호	롯데 자이언츠	강정호	넥센 히어로즈
2011년	최정	SK 와이번스	이대수	한화 이글스
2012년	최정	SK 와이번스	강정호	넥센 히어로즈
2013년	최정	SK 와이번스	강정호	넥센 히어로즈
2014년	박석민	NC 다이노스	강정호	넥센 히어로즈
2015년	박석민	NC 다이노스	김재호	두산 베어스
2016년	최정	SK 와이번스	김재호	두산 베어스
2017년	최정	SK 와이번스	김선빈	KIA 타이거즈
2018년	허경민	두산 베어스	김하성	넥센 히어로즈
2019년	최정	SK 와이번스	김하성	키움 히어로즈
2020년	황재균	KT 위즈	김하성	키움 히어로즈
2021년	최정	SSG 랜더스	김혜성	키움 히어로즈
2022년	최정	SSG 랜더스	오지환	LG 트윈스
2023년	노시환	한화 이글스	오지환	LG 트윈스
2024년	김도영	KIA 타이거즈	박찬호	KIA 타이거즈

KBO 역대 골든글러브 수상자
외야수

연도	외야수	구단	외야수	구단
1982년	김성관	롯데 자이언츠	김준환	해태 타이거즈
1983년	김종모	해태 타이거즈	박종훈	OB 베어스
1984년	김종모	해태 타이거즈	장효조	삼성 라이온즈
1985년	박종훈	OB 베어스	이광은	MBC 청룡
1986년	김종모	해태 타이거즈	이광은	MBC 청룡
1987년	김종모	해태 타이거즈	이광은	MBC 청룡
1988년	이강돈	빙그레 이글스	이순철	해태 타이거즈
1989년	고원부	빙그레 이글스	김일권	태평양 돌핀스
1990년	이강돈	빙그레 이글스	이정훈	빙그레 이글스
1991년	이순철	해태 타이거즈	이정훈	빙그레 이글스
1992년	김응국	롯데 자이언츠	이순철	해태 타이거즈
1993년	김광림	쌍방울 레이더스	이순철	해태 타이거즈
1994년	김재현	LG 트윈스	박노준	쌍방울 레이더스
1995년	김광림	쌍방울 레이더스	김상호	OB 베어스
1996년	김응국	롯데 자이언츠	박재홍	현대 유니콘스
1997년	박재홍	현대 유니콘스	양준혁	삼성 라이온즈
1998년	김재현	LG 트윈스	박재홍	현대 유니콘스
1999년	이병규	LG 트윈스	정수근	두산 베어스
2000년	박재홍	현대 유니콘스	송지만	한화 이글스
2001년	심재학	두산 베어스	이병규	LG 트윈스
2002년	송지만	한화 이글스	심정수	현대 유니콘스

2003년	심정수	현대 유니콘스	양준혁	삼성 라이온즈
2004년	박한이	삼성 라이온즈	브룸바	현대 유니콘스
2005년	데이비스	한화 이글스	서튼	현대 유니콘스
2006년	박한이	삼성 라이온즈	이용규	KIA 타이거즈
2007년	심정수	삼성 라이온즈	이대형	LG 트윈스
2008년	가르시아	롯데 자이언츠	김현수	두산 베어스
2009년	김현수	두산 베어스	박용택	LG 트윈스
2010년	김강민	SK 와이번스	김현수	두산 베어스
2011년	손아섭	롯데 자이언츠	이용규	KIA 타이거즈
2012년	박용택	LG 트윈스	손아섭	롯데 자이언츠
2013년	박용택	LG 트윈스	손아섭	롯데 자이언츠
2014년	나성범	NC 다이노스	손아섭	롯데 자이언츠
2015년	김현수	두산 베어스	나성범	NC 다이노스
2016년	김재환	두산 베어스	김주찬	KIA 타이거즈
2017년	버나디나	KIA 타이거즈	손아섭	롯데 자이언츠
2018년	김재환	두산 베어스	이정후	넥센 히어로즈
2019년	로하스	KT 위즈	이정후	키움 히어로즈
2020년	로하스	KT 위즈	이정후	키움 히어로즈
2021년	구자욱	삼성 라이온즈	이정후	키움 히어로즈
2022년	피렐라	삼성 라이온즈	이정후	키움 히어로즈
2023년	구자욱	삼성 라이온즈	박건우	NC 다이노스
2024년	구자욱	삼성 라이온즈	레이예스	롯데 자이언츠

KBO 역대 골든글러브 수상자
외야수·지명타자

연도	외야수	구단	지명타자	구단
1982년	양승관	삼미 슈퍼스타즈	-	-
1983년	장효조	삼성 라이온즈	-	-
1984년	홍문종	롯데 자이언츠	양세종	OB 베어스
1985년	장효조	삼성 라이온즈	김용희	롯데 자이언츠
1986년	장효조	삼성 라이온즈	김봉연	해태 타이거즈
1987년	장효조	삼성 라이온즈	유승안	빙그레 이글스
1988년	이정훈	빙그레 이글스	김용철	롯데 자이언츠
1989년	이강돈	빙그레 이글스	박철우	해태 타이거즈
1990년	이호성	해태 타이거즈	박승호	삼성 라이온즈
1991년	이호성	해태 타이거즈	장종훈	빙그레 이글스
1992년	이정훈	빙그레 이글스	김기태	쌍방울 레이더스
1993년	전준호	롯데 자이언츠	김기태	쌍방울 레이더스
1994년	윤덕규	태평양 돌핀스	김기태	쌍방울 레이더스
1995년	전준호	롯데 자이언츠	김형석	OB 베어스
1996년	양준혁	삼성 라이온즈	박재용	해태 타이거즈
1997년	이병규	LG 트윈스	박재용	해태 타이거즈
1998년	전준호	현대 유니콘스	양준혁	삼성 라이온즈
1999년	호세	롯데 자이언츠	로마이어	한화 이글스
2000년	이병규	LG 트윈스	우즈	두산 베어스
2001년	정수근	두산 베어스	양준혁	LG 트윈스
2002년	이종범	KIA 타이거즈	마해영	삼성 라이온즈

2003년	이종범	KIA 타이거즈	김동주	두산 베어스
2004년	이병규	LG 트윈스	김기태	SK 와이번스
	이진영	SK 와이번스	-	-
2005년	이병규	LG 트윈스	김재현	SK 와이번스
2006년	이택근	현대 유니콘스	양준혁	삼성 라이온즈
2007년	이종욱	두산 베어스	양준혁	삼성 라이온즈
2008년	이종욱	두산 베어스	홍성흔	두산 베어스
2009년	이택근	히어로즈	홍성흔	롯데 자이언츠
2010년	이종욱	두산 베어스	홍성흔	롯데 자이언츠
2011년	최형우	삼성 라이온즈	홍성흔	롯데 자이언츠
2012년	이용규	KIA 타이거즈	이승엽	삼성 라이온즈
2013년	최형우	삼성 라이온즈	이병규	LG 트윈스
2014년	최형우	삼성 라이온즈	이승엽	삼성 라이온즈
2015년	유한준	KT 위즈	이승엽	삼성 라이온즈
2016년	최형우	KIA 타이거즈	김태균	한화 이글스
2017년	최형우	KIA 타이거즈	박용택	LG 트윈스
2018년	전준우	롯데 자이언츠	이대호	롯데 자이언츠
2019년	샌즈	키움 히어로즈	페르난데스	두산 베어스
2020년	김현수	LG 트윈스	최형우	KIA 타이거즈
2021년	홍창기	LG 트윈스	양의지	NC 다이노스
2022년	나성범	KIA 타이거즈	이대호	롯데 자이언츠
2023년	홍창기	LG 트윈스	손아섭	NC 다이노스
2024년	로하스	KT 위즈	최형우	KIA 타이거즈

KBO 역대 최고 기록 TOP 10
타자

타율

순위	선수명	구단	기록	연도
1	백인천	MBC 청룡	0.412	1982년
2	이종범	해태 타이거즈	0.393	1994년
3	장효조	삼성 라이온즈	0.387	1987년
4	테임즈	NC 다이노스	0.381	2015년
5	최형우	삼성 라이온즈	0.376	2016년
6	마해영	롯데 자이언츠	0.372	1999년
7	박용택	LG 트윈스	0.372	2009년
8	홍성흔	롯데 자이언츠	0.371	2009년
9	서건창	넥센 히어로즈	0.370	2014년
10	장효조	삼성 라이온즈	0.370	1985년

안타

순위	선수명	구단	기록	연도
1	레이예스	롯데 자이언츠	202	2024
2	서건창	넥센 히어로즈	201	2014
3	페르난데스	두산 베어스	199	2020
4	페르난데스	두산 베어스	197	2019
5	이종범	해태 타이거즈	196	1994
6	최형우	삼성 라이온즈	195	2016
6	에레디아	SSG 랜더스	195	2024
8	김태균	한화 이글스	193	2016
8	손아섭	롯데 자이언츠	193	2017
8	이정후	키움 히어로즈	193	2019
8	이정후	키움 히어로즈	193	2022

순위	선수명	구단	기록	연도
1	이승엽	삼성 라이온즈	56	2003
2	이승엽	삼성 라이온즈	54	1999
3	심정수	현대 유니콘스	53	2003
3	박병호	넥센 히어로즈	53	2015
5	박병호	넥센 히어로즈	52	2014
6	나바로	삼성 라이온즈	48	2015
7	이승엽	삼성 라이온즈	47	2002
7	테임즈	NC 다이노스	47	2015
7	로하스	KT 위즈	47	2020
10	심정수	현대 유니콘스	46	2002
10	최정	SK 와이번스	46	2017
10	데이비슨	NC 다이노스	46	2024

도루

순위	선수명	구단	기록	연도
1	이종범	해태 타이거즈	84	1994
2	전준호	롯데 자이언츠	75	1993
3	이종범	해태 타이거즈	73	1993
4	전준호	롯데 자이언츠	69	1995
5	이대형	LG 트윈스	66	2010
6	김주찬	롯데 자이언츠	65	2010
7	이종범	해태 타이거즈	64	1997
7	이대형	LG 트윈스	64	2009
7	조수행	두산 베어스	64	2024
10	이대형	LG 트윈스	63	2008

KBO 역대 최고 기록 TOP 10
투수

승률

순위	선수명	구단	기록	연도
1	오봉옥	삼성 라이온즈	1.000	1992
1	김현욱	삼성 라이온즈	1.000	2002
1	쿠에바스	KT 위즈	1.000	2023
4	김현욱	쌍방울 레이더스	0.909	1997
4	오승환	삼성 라이온즈	0.909	2005
4	알칸타라	두산 베어스	0.909	2020
7	정민태	현대 유니콘스	0.895	2003
7	배영수	삼성 라이온즈	0.895	2004
9	니퍼트	두산 베어스	0.880	2016
10	선동열	해태 타이거즈	0.875	1987
10	선동열	해태 타이거즈	0.875	1989

평균자책점

순위	선수명	구단	기록	연도
1	선동열	해태 타이거즈	0.78	1993
2	선동열	해태 타이거즈	0.89	1987
3	선동열	해태 타이거즈	0.99	1986
4	김경원	OB 베어스	1.11	1993
5	선동열	해태 타이거즈	1.13	1990
6	선동열	해태 타이거즈	1.17	1989
7	선동열	해태 타이거즈	1.21	1988
8	최동원	롯데 자이언츠	1.55	1986
9	선동열	해태 타이거즈	1.55	1991
10	장호연	OB 베어스	1.58	1984

탈삼진

순위	선수명	구단	기록	연도
1	미란다	두산 베어스	225	2021
2	안우진	키움 히어로즈	224	2022
3	최동원	롯데 자이언츠	223	1984
4	주형광	롯데 자이언츠	221	1996
5	장명부	삼미 슈퍼스타즈	220	1983
6	에르난데스	SK 와이번스	215	2001
7	선동열	해태 타이거즈	214	1986
8	선동열	해태 타이거즈	210	1991
8	류현진	한화 이글스	210	2012
10	페디	NC 다이노스	209	2023

승리

순위	선수명	구단	기록	연도
1	장명부	삼미 슈퍼스타즈	30	1983
2	최동원	롯데 자이언츠	27	1984
3	김시진	삼성 라이온즈	25	1985
3	김일융	삼성 라이온즈	25	1985
5	박철순	OB 베어스	24	1982
5	선동열	해태 타이거즈	24	1986
7	김시진	삼성 라이온즈	23	1987
8	선동열	해태 타이거즈	22	1990
8	리오스	두산 베어스	22	2007
8	니퍼트	두산 베어스	22	2016

KIA 타이거즈 KIA Tigers

창단 2001년

전신 해태 타이거즈(1982년)

모기업 기아

연고지 광주광역시

홈구장 광주-기아 챔피언스 필드

제2홈구장 월명종합경기장 야구장

라이벌 삼성 라이온즈, 롯데 자이언츠, LG 트윈스

마스코트

응원가

호걸이　　호랑이　　호연이

최근 5시즌 성적

연도	순위	게임차	승률
2020년	6위	13	0.507 (73승0무71패)
2021년	9위	17.5	0.433 (58승10무76패)
2022년	5위	19.5	0.490 (70승1무73패)
2023년	6위	13	0.514 (73승2무69패)
2024년	1위	-	0.613 (87승2무55패)

한국시리즈 통산 전적(전신포함) 우승 12회

		82		84	85				
90		92		94	95			98	99
00	01	02	03	04	05	06	07	08	
10	11	12	13	14	15	16		18	19
20	21	22	23						

포스트시즌 진출 기록(전신포함) 23회 진출

		82		84	85				
					95			98	99
00	01				05		07	08	
10		12	13	14	15				19
20	21		23						

삼성 라이온즈 Samsung Lions

창단 1982년

모기업 제일기획(삼성)

연고지 대구광역시

홈구장 대구 삼성 라이온즈 파크

제2홈구장 포항 야구장

라이벌 기아 타이거즈, 롯데 자이언츠, LG 트윈스

마스코트

응원가

| 블레오 | 레니 | 라온 | 핑크레오 |

최근 5시즌 성적

연도	순위	게임차	승률
2020년	8위	19.5	0.460 (64승5무75패)
2021년	3위	-	0.536 (76승9무59패)
2022년	7위	23	0.457 (64승4무76패)
2023년	8위	25.5	0.427 (61승1무82패)
2024년	2위	9	0.549 (78승2무64패)

한국시리즈 통산 전적(전신포함) 우승 8회

		82	83	84	(우승)	86	87	88	89
90	91	92	93	94	95	96	97	98	99
00	01	(우승)	03	04	(우승)	(우승)	07	08	09
10	(우승)	(우승)	(우승)	(우승)	15	16	17	18	19
20	21	22	23	24					

포스트시즌 진출 기록(전신포함) 30회 진출

		(진출)	83	(진출)	85	(진출)	(진출)	(진출)	(진출)
(진출)	(진출)	(진출)	(진출)	94	95	96	(진출)	(진출)	(진출)
(진출)	(진출)	(진출)	(진출)	(진출)	(진출)	(진출)	(진출)	(진출)	09
(진출)	(진출)	(진출)	(진출)	(진출)	(진출)	16	17	18	19
20	(진출)	22	23	(진출)					

LG 트윈스 LG Twins

창단 1990년

전신 MBC 청룡(1982년)

모기업 LG

연고지 서울특별시

홈구장 서울종합운동장 야구장

라이벌 두산 베어스, 기아 타이거즈, 삼성 라이온즈

마스코트

응원가

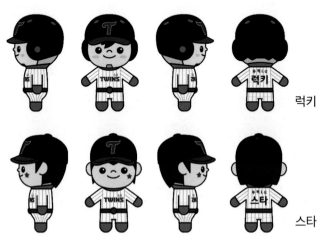

럭키

스타

최근 5시즌 성적

연도	순위	게임차	승률
2020년	4위	5	0.564 (79승4무61패)
2021년	4위	1.5	0.554 (72승14무58패)
2022년	3위	2	0.613 (87승2무55패)
2023년	1위	-	0.606 (86승2무56패)
2024년	3위	11	0.535 (76승2무66패)

한국시리즈 통산 전적(전신포함) 우승 3회

		82	83	84	85	86	87	88	89
	91	92	93		95	96	97	98	99
00	01	02	03	04	05	06	07	08	09
10	11	12		14	15	16	17	18	19
20	21	22	23	24					

포스트시즌 진출 기록(전신포함) 18회 진출

		82	83	84	85	86	87	88	89
	91	92				96			99
	01		03	04	05	06	07	08	09
10	11	12			15		17	18	

두산 베어스 Doosan Bears

창단 1982년

모기업 두산

연고지 서울특별시

홈구장 서울종합운동장 야구장

라이벌 LG 트윈스, SSG 랜더스

마스코트

응원가

철웅이

30

최근 5시즌 성적

연도	순위	게임차	승률
2020년	2위	5	0.564 (79승4무61패)
2021년	2위	5.5	0.522 (71승8무65패)
2022년	9위	29	0.423 (60승2무82패)
2023년	5위	12	0.521 (74승2무68패)
2024년	4위	13	0.521 (74승2무68패)

한국시리즈 통산 전적(전신포함) 우승 6회

	우승	83	84	85	86	87	88	89
90	91	92	93	94	우승	96	97	98	99
00	우승	02	03	04	05	06	07	08	09
10	11	12	13	14	우승	우승	17	18	우승
20	21	22	23	24				

포스트시즌 진출 기록(전신포함) 26회 진출

	진출	83	84	85	진출	진출	88	89
90	91	92	진출	94	진출	96	97	진출	진출
진출	진출	02	03	진출	진출	06	진출	진출	진출
진출	11	진출	진출	14	진출	진출	진출	진출	진출
진출	진출	22	진출	진출				

KT 위즈 kt wiz

창단 2013년

모기업 KT

연고지 경기도 수원시

홈구장 수원 케이티 위즈 파크

라이벌 LG 트윈스, SSG 랜더스

마스코트

응원가

빅

또리

최근 5시즌 성적

연도	순위	게임차	승률
2020년	3위	4.5	0.566 (81승1무62패)
2021년	1위	-	0.563 (76승9무59패)
2022년	4위	9	0.563 (80승2무62패)
2023년	2위	6.5	0.560 (79승3무62패)
2024년	5위	15	0.507 (72승2무70패)

한국시리즈 통산 전적(전신포함) 우승 1회

		82	83	84	85	86	87	88	89
90	91	92	93	94	95	96	97	98	99
00	01	02	03	04	05	06	07	08	09
10	11	12	13	14	15	16	17	18	19
20	★	22	23	24					

포스트시즌 진출 기록(전신포함) 5회 진출

		82	83	84	85	86	87	88	89
90	91	92	93	94	95	96	97	98	99
00	01	02	03	04	05	06	07	08	09
10	11	12	13	14	15	16	17	18	19
kt wiz	kt wiz	kt wiz	kt wiz	kt wiz					

SSG 랜더스 SSG Landers

창단 2021년

전신 SK 와이번스(2000년)

모기업 이마트

연고지 인천광역시

홈구장 인천 SSG 랜더스필드

라이벌 두산 베어스, KT 위즈

마스코트

응원가

랜디

최근 5시즌 성적

연도	순위	게임차	승률
2020년	9위	34.5	0.357 (51승1무92패)
2021년	6위	7.5	0.508 (66승14무64패)
2022년	1위	-	0.629 (88승4무52패)
2023년	3위	9.5	0.539 (76승3무65패)
2024년	6위	15	0.507 (72승2무70패)

한국시리즈 통산 전적(전신포함) 우승 5회

		82	83	84	85	86	87	88	89
90	91	92	93	94	95	96	97	98	99
00	01	02	03	04	05	06			09
	11	12	13	14	15	16	17		19
20	21		23	24					

포스트시즌 진출 기록(전신포함) 14회 진출

		82	83	84	85	86	87	88	89
90	91	92	93	94	95	96	97	98	99
00	01	02		04		06			
			13	14		16			
20	21			24					

롯데 자이언츠 Lotte Giants

창단 1975년(1982년 프로야구단 전환)

모기업 롯데지주

연고지 부산광역시

홈구장 사직 야구장

제2홈구장 울산 문수 야구장

라이벌 NC 다이노스, 삼성 라이온즈, KIA 타이거즈

마스코트

응원가

윈지　　　　　　누리　　　　아라　　　　피니

최근 5시즌 성적

연도	순위	게임차	승률
2020년	7위	14.5	0.497 (71승1무72패)
2021년	8위	11.5	0.478 (65승8무71패)
2022년	8위	24	0.457 (64승4무76패)
2023년	7위	19	0.472 (68승0무76패)
2024년	7위	20	0.471 (66승4무74패)

한국시리즈 통산 전적(전신포함) 우승 2회

		82	83	[1984 우승 로고]	85	86	87	88	89
90	91	[CHAMPIONS 로고]	93	94	95	96	97	98	99
00	01	02	03	04	05	06	07	08	09
10	11	12	13	14	15	16	17	18	19
20	21	22	23	24					

포스트시즌 진출 기록(전신포함) 12회 진출

		82	83	[Giants 로고]	85	86	87	88	89
90	[Giants 로고]	[Giants 로고]	93	94	[Giants 로고]	96	97	98	[Giants 로고]
[Giants 로고]	01	02	03	04	05	06	07	[Giants 로고]	[Giants 로고]
[Giants 로고]	[Giants 로고]	[Giants 로고]	13	14	15	16	[Giants 로고]	18	19
20	21	22	23	24					

한화 이글스 Hanwha Eagles

창단 1986년

모기업 한화

연고지 대전광역시

홈구장 베이스볼 드림파크

제2홈구장 청주종합경기장 야구장

라이벌 없음

마스코트

응원가

위니   비니   수리   후디

최근 5시즌 성적

연도	순위	게임차	승률
2020년	10위	38.5	0.326 (46승3무95패)
2021년	10위	25.5	0.371 (49승12무83패)
2022년	10위	43	0.324 (46승2무96패)
2023년	9위	26	0.420 (58승6무80패)
2024년	8위	21	0.465 (66승2무76패)

한국시리즈 통산 전적(전신포함) 우승 1회

		82	83	84	85	86	87	88	89
90	91	92	93	94	95	96	97	98	
00	01	02	03	04	05	06	07	08	09
10	11	12	13	14	15	16	17	18	19
20	21	22	23	24					

포스트시즌 진출 기록(전신포함) 13회 진출

		82	83	84	85	86	87		
			93		95		97	98	
00		02	03	04				08	09
10	11	12	13	14	15	16	17		19
20	21	22	23	24					

NC 다이노스 NC Dinos

창단 2011년
모기업 엔씨소프트
연고지 경상남도 창원시
홈구장 창원 NC 파크
라이벌 롯데 자이언츠
마스코트

응원가

단디   쎄리

최근 5시즌 성적

연도	순위	게임차	승률
2020년	1위	-	0.601 (83승6무55패)
2021년	7위	9	0.496 (67승9무68패)
2022년	6위	21.5	0.475 (67승3무74패)
2023년	4위	11	0.528 (75승2무67패)
2024년	9위	26	0.430 (61승2무81패)

한국시리즈 통산 전적(전신포함) 우승 1회

		82	83	84	85	86	87	88	89
90	91	92	93	94	95	96	97	98	99
00	01	02	03	04	05	06	07	08	09
10	11	12	13	14	15	16	17	18	19
CHAMPIONS	21	22	23	24					

포스트시즌 진출 기록(전신포함) 7회 진출

		82	83	84	85	86	87	88	89
90	91	92	93	94	95	96	97	98	99
00	01	02	03	04	05	06	07	08	09
10	11	12	13	Dinos	Dinos	Dinos	Dinos	18	Dinos
Dinos	21	22	Dinos	24					

키움 히어로즈 Kiwoom Heroes

창단 2008년

스폰서 키움증권

연고지 서울특별시

홈구장 고척 스카이돔

라이벌 LG 트윈스

마스코트

응원가

턱돌이　　　　　동글이　　　　　돔돔이

최근 5시즌 성적

연도	순위	게임차	승률
2020년	5위	5.5	0.559 (80승1무63패)
2021년	5위	7	0.511 (70승7무67패)
2022년	2위	9	0.563 (80승2무62패)
2023년	10위	27.5	0.411 (58승3무83패)
2024년	10위	30	0.403 (58승0무86패)

한국시리즈 통산 전적(전신포함) 우승 없음

		82	83	84	85	86	87	88	89
90	91	92	93	94	95	96	97	98	99
00	01	02	03	04	05	06	07	08	09
10	11	12	13	14	15	16	17	18	19
20	21	22	23	24					

포스트시즌 진출 기록(전신포함) 9회 진출

		82	83	84	85	86	87	88	89
90	91	92	93	94	95	96	97	98	99
00	01	02	03	04	05	06	07	08	09
10	11	12	KIWOOM	KIWOOM	KIWOOM	KIWOOM	17	KIWOOM	KIWOOM
KIWOOM	KIWOOM	KIWOOM	23	24					

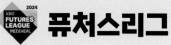

퓨처스리그

고양

인천

이천

문경

대전

익산

경산

창원　김해

함평

퓨처스리그(Futures League)란?

퓨처스리그는 KBO 리그의 하위 리그예요. 흔히 KBO 리그를 1군이라고 하고 퓨처스리그를 2군이라고 이야기하지만 정식 명칭은 'KBO 퓨처스리그'랍니다. 퓨처스리그는 주로 신인 선수나 기존 선수들이 실력을 쌓을 수 있도록 돕는 역할을 합니다. 치열한 경쟁을 하는 KBO 리그와 다르게 선수 육성에 초점을 두고 있습니다.

1개의 리그로 진행이 되는 KBO 리그와 달리 퓨처스리그는 남부 리그와 북부 리그로 나뉘어서 진행됩니다. 각 리그별로 우승 팀을 정해요. 또 승패를 많이 따지지 않다 보니 취소된 일부 경기는 다시 하지 않고 끝나는 경우도 있습니다. 그래서 각 팀마다 경기 수가 다른 경우가 있어요.

퓨처스리그에는 총 11개의 구단이 있습니다. KBO 리그는 10개의 구단인데 왜 퓨쳐스리그는 1개가 더 많을까요? 바로 상무 피닉스 팀이 있기 때문이에요. 상무 피닉스 팀은 프로야구 선수 중에서 군 복무를 대신해 들어간 선수들로 구성되어 있어요. 1군에서 뛰다가 들어간 선수들도 있어서 퓨처스리그에서 제일 많이 우승했답니다.

북부리그

팀	창단	연고지	홈구장
고양 히어로즈	2008년	경기도 고양시	고양 국가대표 야구훈련장
두산 베어스 2군	1983년	경기도 이천시	베어스 파크
LG 트윈스 2군	1983년	경기도 이천시	이천 LG 챔피언스 파크
SSG 랜더스 2군	2000년	인천광역시	강화 SSG 퓨처스필드
한화 이글스 2군	1987년	충청남도	서산전용연습구장

남부리그

팀	창단	연고지	홈구장
상무 피닉스	1953년	경상북도 문경시	문경 상무 야구장
KT 위즈 2군	2015년	전북특별자치도 익산시	익산 국가대표 야구훈련장
KIA 타이거즈 2군	1988년	전라남도 함평군	기아 챌린저스 필드
삼성 라이온즈 2군	1984년	경상북도 경산시	삼성 라이온즈 볼파크
NC 다이노스 2군	2011년	경상남도 창원시	마산 야구장
롯데 자이언츠 2군	1988년	경상남도 김해시	상동 야구장

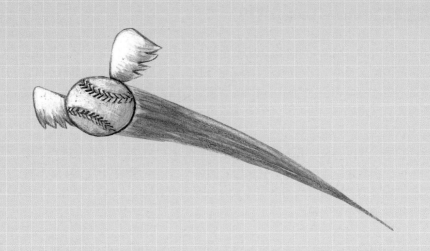

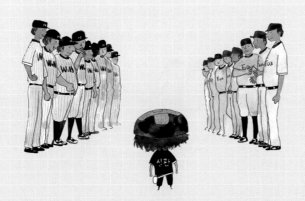